全国机械行业职业教育优质规划教材（高职高专）

新能源汽车电控技术工作页

主　编　邸玉峰　江传林

副主编　陈宇鹏　王小峰

参　编　郭俊飞　贾启阳　赵锦强　徐　东

　　　　邹德伟　王　庆　王建军　张朝山

　　　　赵暨阳

主　审　马金刚

机械工业出版社
CHINA MACHINE PRESS

本工作页共分2个学习任务，每个学习任务包含5个环节，并与《新能源汽车电控技术》教材内容配套使用。每个学习任务都采用情境导入的方式编写，能够提高学生的学习兴趣。任务目标能让老师与学生明确学习任务中的知识与技能目标；任务准备能让学生理解学习任务的基本知识；任务实施能让学生学习原理知识之后，通过充分运用原理知识进行实际操作，并在实际操作中掌握工作规范要求；任务评价能检测学生对本任务知识与技能的了解程度。

本书可作为高等院校、高等职业院校车辆工程、新能源汽车技术及其相关专业的教材，也可作为新能源汽车相关工程技术人员、管理人员和培训机构学员的工作任务书。

图书在版编目（CIP）数据

新能源汽车电控技术工作页 / 邸玉峰，江传林主编 . —北京：机械工业出版社，2018.5
全国机械行业职业教育优质规划教材：高职高专
ISBN 978-7-111-61062-5

Ⅰ.①新… Ⅱ.①邸… ②江… Ⅲ.①新能源 – 汽车 – 电子系统 – 控制系统 – 高等职业教育 – 教材 Ⅳ.① U463.6

中国版本图书馆 CIP 数据核字（2018）第 227486 号

机械工业出版社（北京市百万庄大街 22 号 邮政编码 100037）
策划编辑：蓝伙金 葛晓慧 责任编辑：葛晓慧 蓝伙金 谢熠萌
责任校对：刘 岚 封面设计：鞠 杨
责任印制：李 昂
河北鹏盛贤印刷有限公司印刷
2019 年 1 月第 1 版第 1 次印刷
184mm × 260mm · 7.5 印张 · 187 千字
0 001—3 000 册
标准书号：ISBN 978-7-111-61062-5
定价：34.80 元

凡购本书，如有缺页、倒页、脱页，由本社发行部调换
电话服务 网络服务
服务咨询热线：010-88379833 机 工 官 网：www.cmpbook.com
读者购书热线：010-88379649 机 工 官 博：weibo.com/cmp1952
教育服务网：www.cmpedu.com
封面无防伪标均为盗版 金 书 网：www.golden-book.com

序

　　汽车产业是国民经济的重要支柱产业，在国民经济和社会发展中发挥着重要作用。随着我国经济持续快速发展和城镇化进程加速推进，今后一段时期汽车需求量仍将保持增长势头，由此带来的能源紧张和环境污染问题将更加突出。加快培育和发展节能汽车与新能源汽车，既是有效缓解能源和环境压力，推动汽车产业可持续发展的紧迫任务，也是加快汽车产业转型升级、培育新的经济增长点和国际竞争优势的战略举措。为加快培育和发展节能与新能源汽车产业，国务院于2012年6月28日印发了《节能与新能源汽车产业发展规划（2012—2020年）》。规划中明确了新能源汽车是指采用新型动力系统，完全或主要依靠新型能源驱动的汽车，主要包括纯电动汽车、插电式混合动力汽车及燃料电池汽车。其技术路线是以纯电驱动为新能源汽车发展和汽车工业转型的主要战略取向，当前重点推进纯电动汽车和插电式混合动力汽车产业化。规划目标：到2020年，纯电动汽车和插电式混合动力汽车生产能力达200万辆、累计产销量超过500万辆，燃料电池汽车、车用氢能源产业与国际同步发展。2017年我国新能源汽车产量为77.7万辆（其中乘用车为55万辆），同比增长53.3%，纯电动汽车46.8万辆，占82.1%。

　　近年来，众多高职院校相继开设了新能源汽车技术专业，2017年在教育部备案的院校数多达189所。为了更好地指导专业建设，全国机械职业教育教学指导委员会（以下简称机械行指委）将新能源汽车技术专业列入首批重点观测专业，开展专业标准建设工作。全国机械行业高职汽车类专业教学指导委员会（以下简称汽车专指委）于2017年1月15日在北京召开了新能源汽车技术专业标准建设专题工作会议，汽车专指委部分成员单位及企业近20名专家参加了会议，与会专家围绕新能源汽车技术专业课程体系、教学标准、教师标准、实训基地建设标准等进行了深入的研讨，并对新能源汽车技术专业核心课程教材开发达成了共识。

　　本套教材由《新能源汽车构造与原理》《新能源汽车使用与维护》《新能源汽车动力蓄电池技术》《新能源汽车驱动电机技术》《新能源汽车电控技术》及配套工作页等组成。本套教材理论与实践紧密结合，以任务为载体，构建职业能力主线，以完成任务为目标，系统地进行理论学习和技能训练，旨在培养学生的职业综合能力。希望本套教材的出版能够为丰富新能源汽车技术专业教学资源，提升专业人才培养质量发挥更大作用。

　　教材编写团队由长春汽车工业高等专科学校、北京电子科技职业学院、深圳职业技术学院、湖南工业职业技术学院、湖南汽车工程职业学院、武汉软件工程职业学院等院校具有丰富教学经验的专家和北京卓创至诚技术有限公司、长春通立汽车服务有限公司等企业工程技术人员共同组成。教材在开发过程中得到了中国第一汽车集团公司新能源汽车分公司、北京新能源汽车股份有限公司、浙江吉利控股集团有限公司等企业的大力支持，在此表示衷心的感谢！

全国机械职业教育高职汽车类专业教学指导委员会主任委员　李春明

前　言

随着社会经济的快速发展，较长一段时期内汽车的需求量仍将保持较大增长势头，由此带来的能源紧张和环境污染问题将更加突出。大力发展新能源汽车，既是有效缓解能源和环境压力、推动汽车产业可持续发展的紧迫任务，也是加快汽车产业转型升级、培育新的经济增长点和国际竞争优势的战略举措。

行业产业的快速发展以及加快转变经济发展方式对节能与新能源汽车技术职业教育的人才培养规模、质量、规格和结构都提出了更高的要求，给以培养高技能人才为己任的职业院校赋予了新的使命。这迫切需要加快建设节能与新能源汽车技术现代职业教育体系，推动职业教育更好地承担起服务社会的职能，更好地满足经济社会全面发展的需求。

本工作页根据现代职业教育理实一体化课程体系标准，突出理论与实际的转化、课程与载体的融合，以客户委托为引领，以学习任务为基本的课程单元，在行动导向的学习活动中逐步提高学生运用专业知识和技能，利用科学有效的工作方法和必要的措施分析问题、解决问题的综合职业能力，并注重价值观和职业素养的养成。

本工作页共分2项学习任务，在学习任务1检修电子控制系统中，详细讲解了主要电路知识和电控系统故障诊断；在学习任务2检修车载网络系统中，重点介绍了总线的结构、工作原理等知识，以及车辆总线系统的故障诊断。每项任务包括任务描述、任务目标、任务准备、任务实施和任务评价5个环节。每个学习任务都采用情境导入的方式编写，能够提高学生的学习兴趣。任务目标是让老师与学生明确学习任务中的知识与技能目标；任务准备让学生理解学习任务的基本知识；任务实施是学生学习原理知识之后，通过充分运用原理知识进行实际操作，并在实际操作中掌握工作规范要求；任务评价是检测学生对本任务知识与技能的了解程度。本套工作页内容详实、新颖，图文并茂，兼具系统性和实用性，可作为新能源汽车技术及相关专业课程的工作页。

本工作页依据汽车职业教育云服务平台和《新能源汽车电控技术》编写，在编写过程中，广泛参考了国内外新能源汽车的最新研究成果，在此对相关研究人员表示衷心的感谢。

本工作页由邸玉峰、江传林担任主编，陈宇鹏、王小峰担任副主编，其他参与编写的还有郭俊飞、贾启阳、赵锦强、徐东、邹德伟、王庆、王建军、张朝山、赵暨阳。全书由邸玉峰负责统稿，马金刚主审。

由于编者水平有限，书中难免存在疏漏和不足之处，恳请专家和广大读者批评指正。

编　者

目　　录

检修电子控制系统

1.1 任务描述

　　一辆电动汽车行驶三年多，最近发现车辆的自动座椅调节功能经常出问题，刚开始没有特别在意，后来出现自动空调控制、中央防盗门锁也出现问题，因此只好将电动车驶向服务站。

　　学员或具有电气维修资质的人员接受车间主管派发的任务委托书，在规定时间内以小组作业的形式，按照维修手册技术规范或相关标准诊断并排除故障，恢复车辆性能。完成作业项目自检合格后交付检验并移交服务顾问。工作过程严格遵守高压作业安全规定和 6S（Seiri, Seiton, Seiketsu, Standard, Shitsuke, Safety；即整理，整顿，清洁，规范，素养，安全）规范，并能提出车辆使用中的安全措施和合理化建议。

1.2 任务目标

　　通过本次任务，能自主学习和运用专业的知识与技能，有目的地按照专业要求和维修手册技术规范，严格遵守高压作业安全规定，合理使用工具、仪器完成整车控制系统的维护、部件更换、故障诊断等工作内容，并对工作结果进行有效评估，培养学生的综合职业能力。

- 能独立地解释交流变压电路和整流电路以及能对直流斩波电路进行测量。
- 能严格按照维修手册并制订工作计划，诊断并排除电控系统故障。
- 能自主学习并将获得的新知识新技能运用于新的实践。
- 能严格遵守电动汽车高压作业安全规定并具备能源和环境意识。

1.3　任务准备

课程名称	新能源汽车电控技术	小组名称	
学习任务	1. 检修电子控制系统	学生姓名	
学习内容	1.3.1 元器件认知	授课课时	4 课时

● **信息收集（电阻）**

1. 电阻的认知

1）根据符号填写电阻的名称。

2）在括号中填写四环电阻和五环电阻色环识别方向并在方框中填写每个色环代表的含义。

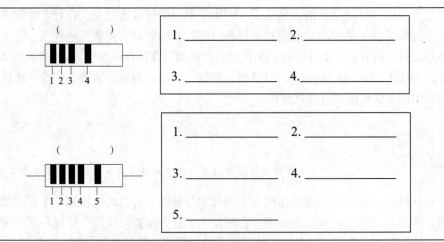

（　　　　）

1. _____　　2. _____

3. _____　　4. _____

（　　　　）

1. _____　　2. _____

3. _____　　4. _____

5. _____

3）根据下图中的电阻，测量并填写电阻的阻值和允许误差。

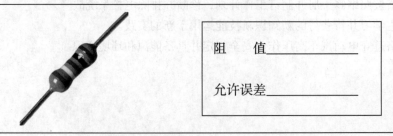

阻　值 _____

允许误差 _____

2. 色环电阻的识别方法

1）填写四环电阻每个颜色在每环上代表的数字。

颜色	第一环数字	第二环数字	第三环数字	第四环数字
黑				——
棕				——
红				——
橙				——
黄				——
绿				——
蓝				——
紫				——
灰				——
白				——
金				
银				

2）填写五环电阻每个颜色在每环上代表的数字。

颜色	第一环数字	第二环数字	第三环数字	第四环数字	第五环数字
黑					——
棕					
红					
橙					——
黄					——
绿					
蓝					
紫					
灰					
白					——
金					
银					

能力拓展（电阻）

1. 电阻与导体长度、材料的关系

材料

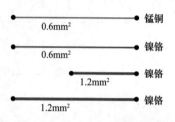

锰铜
0.6mm²

镍铬
0.6mm²

镍铬
1.2mm²

镍铬
1.2mm²

检测

材料	长度/m	横截面积/mm²	电阻/Ω
镍铬合金	1	1.2	
镍铬合金	0.5	1.2	

材料	长度/m	横截面积/mm²	电阻/Ω
锰铜合金	1	0.6	
镍铬合金	1	0.6	

 结论

- 导体的电阻与材料（□有关　□无关）。

- 在导体的长度、横截面积相同时，导体的材料不同，电阻（□相同　□不同）。

- 导体的电阻与长度（□有关　□无关）。

- 在导体的材料、横截面积相同，导体的长度越长电阻（□越大　□越小）。

2. 电阻与导体横截面积、温度的关系

 材料

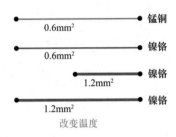

改变温度

 检测

材料	长度/m	横截面积mm²	电阻/Ω	材料	长度/m	横截面积/mm²	电阻/Ω
镍铬合金	1	1.2		锰铜合金	1	1.2	
镍铬合金	1	0.6		镍铬合金（加热）	1	1.2	

结论

- 导体的电阻与横截面积（□有关　□无关）。

- 在导体的材料、长度相同，导体的横截面积越大电阻（□越大　□越小）。

- 导体的电阻与温度（□有关　□无关）。

- 在导体的长度、横截面积、材料相同时，导体的温度越高，电阻（□越大　□越小）。

● 信息收集（电容）

电容的认知

1）根据符号填写电容的名称。

```
(    )        (    )        (    )
```

2）标出下列电容的负极。

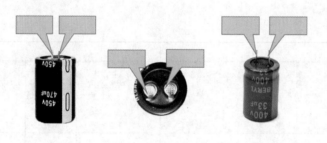

3）根据图片填写电容名称。

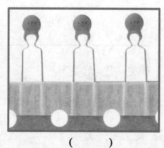

```
(    )            (    )            (    )
```

● 能力拓展（电容）

1. 电容的作用

 搭建

 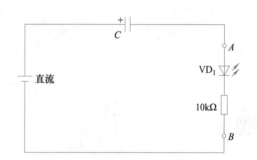

 检测

● 观察现象
　发光二极管 VD_1
　□不亮　□亮
● 测量电压
　有效值：（A-B）____V

● 观察现象
　发光二极管 VD_1
　□不亮　□亮
● 测量电压
　有效值：（A-B）____V

结论

● 在电路中利用了电容的（□通直流隔交流　□通交流隔直流）作用。

2.电容滤波电路的测量

搭建

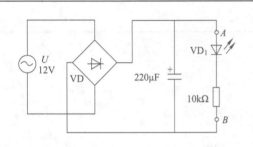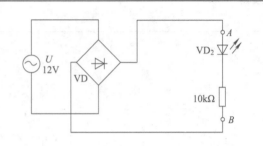

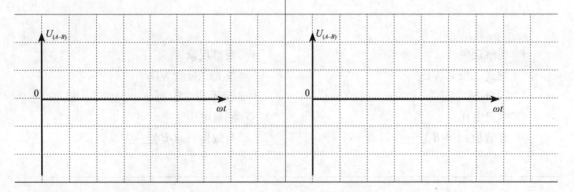
检测

● 观察现象

发光二极管 VD_1 比 VD_2：

□亮　□不变　□暗

● 测量电压	● 测量电压
有效值：$(A\text{-}B)$＿＿V	有效值：$(A\text{-}B)$＿＿V

结论

● 在电路中利用了电容的（□滤波　□限流）特性。

● 滤波后的波形变得更（□平滑　□不平）。

3. 电容充放电电路的测量

搭建

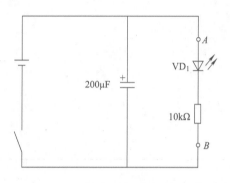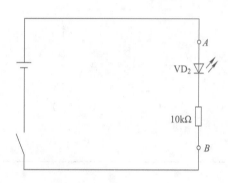

检测

- 观察现象
  关闭发光二极管时 VD_1 比 VD_2 更：
  □ 快速熄灭   □ 缓慢熄灭

● 测量电压 有效值：($A\text{-}B$)＿＿V	● 测量电压 有效值：($A\text{-}B$)＿＿V

结论

- 在电路中利用了电容的（□ 充放电   □ 限流）特性。

● **信息收集（电感）**

电感的认知

1）根据符号填写电感的名称。

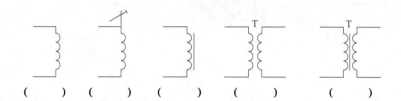

（　　　）　　　（　　　）　　　（　　　）　　　（　　　）　　　　　（　　　）

2）在括号中填写色环电感识别方向并在方框中填写每个色环代表的含义。

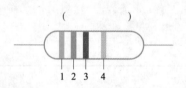

1.＿＿＿＿	2.＿＿＿＿
3.＿＿＿＿	4.＿＿＿＿

3）根据下图中的电感，测量并填写电感量和允许误差。

电感量 ＿＿＿＿＿＿＿

允许误差 ＿＿＿＿＿＿＿

● **能力拓展（电感）**

色环电感的识别方法

填写电感每个颜色在每环上代表的数字含义。

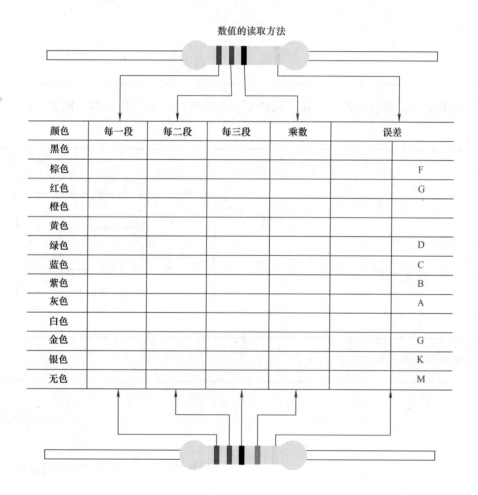

数值的读取方法

颜色	每一段	每二段	每三段	乘数	误差
黑色					
棕色					F
红色					G
橙色					
黄色					
绿色					D
蓝色					C
紫色					B
灰色					A
白色					
金色					G
银色					K
无色					M

● **信息收集（二极管）**

二极管的认知

1）根据二极管的外形在方框内填写阳极（A）或阴极（K）。

2）找出整流二极管的符号，在□内画√，并在横线上填写相应端子阳极（A）或阴极（K）。

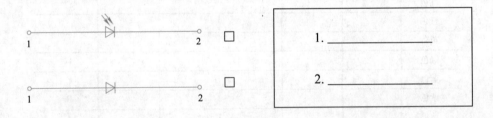

3）画出下图中电流的流向。

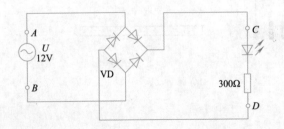

用红笔画出 A 为正极时电流的流向

用蓝笔画出 B 为正极时电流的流向

● **能力拓展（二极管）**

1. 整流二极管的测量

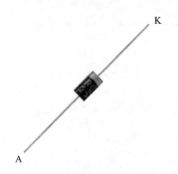

测量	万用表二极管档	绘制二极管符号
A-K	＿＿＿＿＿＿V	
K-A	＿＿＿＿＿＿V	

2. 稳压二极管的测量

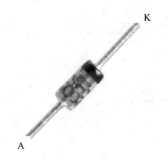

测量	万用表二极管档	绘制二极管符号
A-K	＿＿＿＿＿＿V	
K-A	＿＿＿＿＿＿V	

3. 发光二极管的测量

测量	万用表二极管档	绘制二极管符号
A-K	＿＿＿＿＿＿V	
K-A	＿＿＿＿＿＿V	

● **信息收集（晶体管）**

1. 晶体管的判定

判断晶体管的极性（基极、发射极、集电极）。

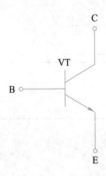

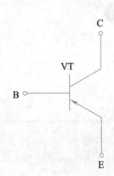

● 类型判断

　　□ NPN　　□ PNP

● 管脚判断：

　　C _____

　　B _____

　　E _____

● 结构图判断

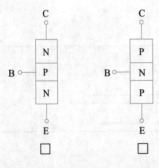

● 类型判断

　　□ NPN　　□ PNP

● 管脚判断：

　　C _____

　　B _____

　　E _____

● 结构图判断

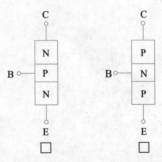

2. 晶体管的认知

填写晶体管各部位名称（基极、发射极、集电极、基区、发射区、集电区、集电结、发射结）。

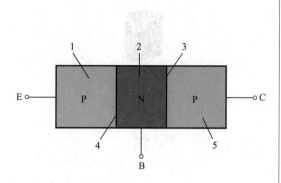

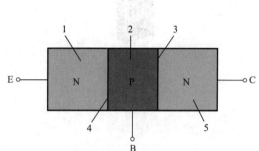

● 填写

1 _____   2 _____

3 _____   4 _____

5 _____   E _____

B _____   C _____

● 符号判断

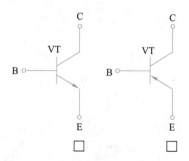

● 填写

1 _____   2 _____

3 _____   4 _____

5 _____   E _____

B _____   C _____

● 符号判断

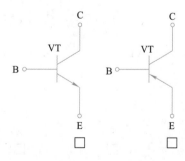

3. 晶体管的判定

判断晶体管的极性（基极 B　发射极 E　集电极 C）

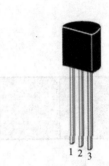

● 类型判断

　□ NPN　□ PNP

● 管脚判断：

　1 ＿＿＿＿＿

　2 ＿＿＿＿＿

　3 ＿＿＿＿＿

● 符号判断

● 类型判断

　□ NPN　□ PNP

● 管脚判断：

　1 ＿＿＿＿＿

　2 ＿＿＿＿＿

　3 ＿＿＿＿＿

● 符号判断

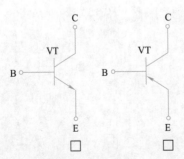

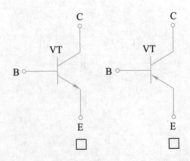

● **能力拓展（晶体管）**

1. 使用 NPN 型晶体管

 搭建

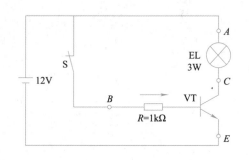 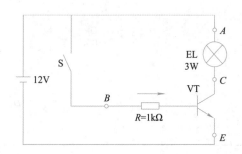

 检测

● 观察现象

灯泡 EL：□亮　□不亮

● 测量电压

测量点 *B*-地：_____V

测量点 *A-C*：_____V

测量点 *C-E*：_____V

● 观察现象

灯泡 EL：□亮　□不亮

● 测量电压

测量点 *B*-地：_____V

测量点 *A-C*：_____V

测量点 *C-E*：_____V

结论

● NPN 型晶体管基极（□高电位　□低电位）时导通。

● NPN 型晶体管基极（□高电位　□低电位）时截止。

● NPN 型晶体管导通时的压降为_____V。

2. 使用 PNP 型晶体管

 搭建

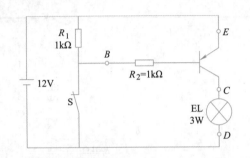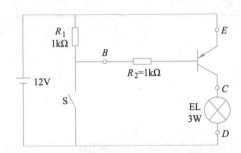

 检测

● 观察现象

灯泡 EL：□ 亮　□ 不亮

● 测量电压

测量点 B- 地：＿＿＿＿＿ V

测量点 E-C：＿＿＿＿＿ V

测量点 C-D：＿＿＿＿＿ V

● 观察现象

灯泡 EL：□ 亮　□ 不亮

● 测量电压

测量点 B- 地：＿＿＿＿＿ V

测量点 E-C：＿＿＿＿＿ V

测量点 C-D：＿＿＿＿＿ V

结论

● PNP 型晶体管基极（□ 高电位　□ 低电位）时导通。

● PNP 型晶体管基极（□ 高电位　□ 低电位）时截止。

● PNP 型晶体管导通时的压降为＿＿＿＿＿ V。

● **信息收集（场效应晶体管）**

场效应晶体管

1）场效应晶体管本质上是一个（   ）。

□ 电流控制电流源器件

□ 电流控制电压源器件

□ 电压控制电流源器件

□ 电压控制电压源器件

2）场效应晶体管（简称 FET）是利用（   ）来控制电流的一种半导体器件。

□ 电场效应

□ 电压效应

□ 电流效应

□ 电阻效应

3）写出当栅源极间电压 $U_{GS}=0$ 时，场效应晶体管的工作原理。

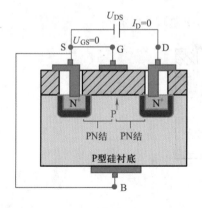

● **能力拓展（场效应晶体管）**

场效应晶体管

1）场效应晶体管的基本结构。

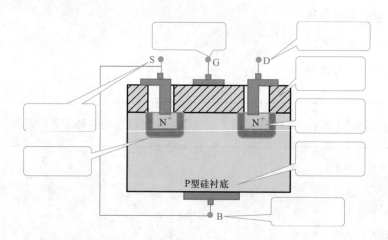

2）在括号内填写相应的名称。

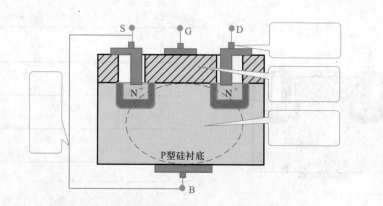

● **信息收集（熔断器）**

1. 熔断器的认知

1）熔断器的符号。

□　○———▷|———○

□　○———▭———○

□　○———▭———○

□　○———◁|———○

2）在下图方框内填入熔断器的种类。

熔断器的分类

按结构分类

汽车常用

2. 熔断器的性能

1）写出熔断器的工作原理。

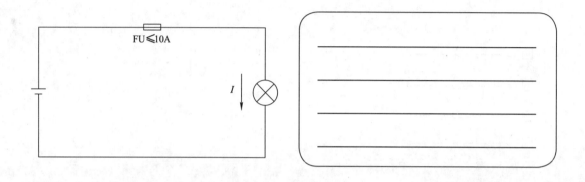

2）在下图黄色框内写出熔断器的名称，并在白框内填写出如何区分额定电流大小。

● **能力拓展（熔断器）**

1. 熔断器的测量

1）使用万用表的欧姆档测量熔断器。

熔断器	电阻值
正常的熔断器	
烧坏的熔断器	

2）使用万用表的蜂鸣档测量熔断器。

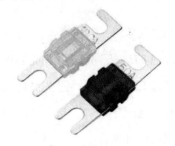

熔断器	蜂鸣声
正常的熔断器	
烧坏的熔断器	

3）使用万用表的电压档测量熔断器。

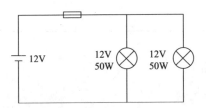

熔断器	电压值
正常的熔断器	
烧坏的熔断器	

2.熔断器的使用（1）

 搭建

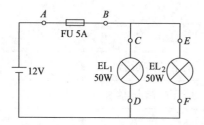 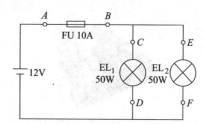

📷 检测

● 观察现象

灯泡 EL$_1$：□亮　□先亮后灭

灯泡 EL$_2$：□亮　□先亮后灭

● 测量电压

测量点 A-B：_____V

测量点 C-D：_____V

测量点 E-F：_____V

● 观察现象

灯泡 EL$_1$：□亮　□先亮后灭

灯泡 EL$_2$：□亮　□先亮后灭

● 测量电压

测量点 A-B：_____V

测量点 C-D：_____V

测量点 E-F：_____V

📋 结论

● 接两个灯泡时，5A 熔断器（□断路　□通路）。

● 接两个灯泡时，10A 熔断器（□断路　□通路）。

● 电路中的熔断器具有（□过载保护　□单向导通）的作用。

3. 熔断器的使用（2）

 搭建

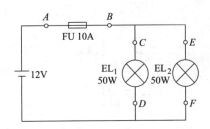 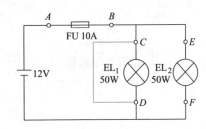

检测

● 观察现象

灯泡 EL_1：□ 亮　□ 先亮后灭

灯泡 EL_2：□ 亮　□ 先亮后灭

● 测量电压

测量点 A-B：＿＿＿＿V

测量点 C-D：＿＿＿＿V

测量点 E-F：＿＿＿＿V

● 观察现象

灯泡 EL_1：□ 亮　□ 不亮

灯泡 EL_2：□ 亮　□ 不亮

● 测量电压

测量点 A-B：＿＿＿＿V

测量点 C-D：＿＿＿＿V

测量点 E-F：＿＿＿＿V

结论

● 灯泡 EL_1 短路时，熔断器（□ 断路　□ 通路）。

● 电路中的熔断器具有（□ 单向导通　□ 短路保护）的作用。

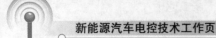
● **信息收集（继电器）**

继电器的认知

1）将下列继电器的类型与对应的符号连接起来。

常开型继电器	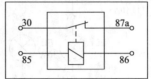
混合型继电器	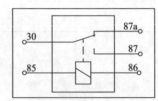
常闭型继电器	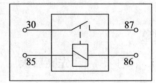

2）在方框中填入继电器各组成部分的名称。

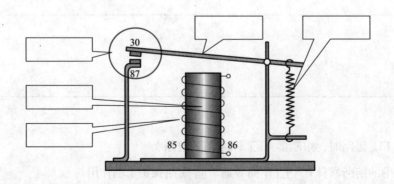

3）继电器的分类。

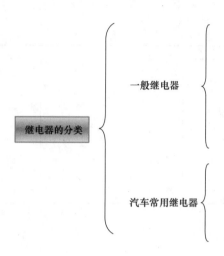

4）在方框中填入继电器各部分的名称。

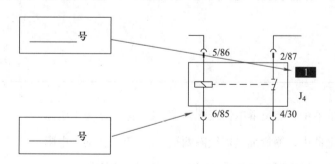

● 能力拓展（继电器）

1. 继电器的使用

 继电器符号

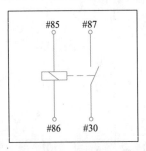

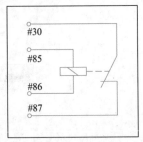

 检测

● 测量条件

常开继电器静态测量

● 测量电阻

测量点 #85-#86：_____Ω

测量点 #30-#87：_____Ω

● 测量条件

常闭继电器静态测量

● 测量电阻

测量点 #85-#86：_____Ω

测量点 #30-#87：_____Ω

结论

● 在常开继电器中，测量继电器线圈两端（□ 有　□ 无）电阻。

● 在常闭继电器中，测量继电器线圈两端（□ 有　□ 无）电阻。

● 在继电器中，继电器线圈两端（□ 有　□ 无）电阻。

● 在常开继电器中，测量开关两端（□ 有　□ 无）电阻。

● 在常闭继电器中，测量开关两端（□ 有　□ 无）电阻。

2. 常开型继电器的使用

 搭建

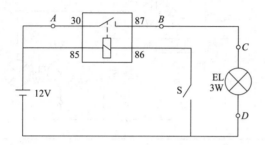

 检测

● 观察现象（闭合开关） 　灯泡 EL：□ 亮　□ 不亮 ● 测量电流 　测量点 C：_____A ● 测量电压 　测量点 A-B：_____V 　测量点 C-D：_____V	● 观察现象（断开开关） 　灯泡 EL：□ 亮　□ 不亮 ● 测量电流 　测量点 C：_____A ● 测量电压 　测量点 A-B：_____V 　测量点 C-D：_____V

 结论

● 常开型继电器线圈不通电时，常开触点（□ 吸合　□ 断开），灯泡不亮。

● 常开型继电器线圈通电时，常开触点（□ 吸合　□ 断开），灯泡亮。

3. 混合型继电器的使用

 搭建

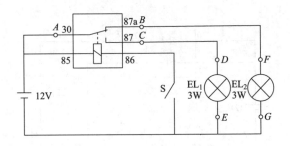

 检测

● 观察现象（闭合开关） 灯泡 EL_1：□ 亮　□ 不亮 灯泡 EL_2：□ 亮　□ 不亮	● 观察现象（断开开关） 灯泡 EL_1：□ 亮　□ 不亮 灯泡 EL_2：□ 亮　□ 不亮
● 测量电流 测量点 D：_____A 测量点 F：_____A	● 测量电流 测量点 D：_____A 测量点 F：_____A
● 测量电压 测量点 $A\text{-}B$：_____V 测量点 $F\text{-}G$：_____V 测量点 $A\text{-}C$：_____V 测量点 $D\text{-}E$：_____V	● 测量电压 测量点 $A\text{-}B$：_____V 测量点 $F\text{-}G$：_____V 测量点 $A\text{-}C$：_____V 测量点 $D\text{-}E$：_____V

📋 结论

- 混合型继电器线圈不通电时，常开触点（□ 吸合　□ 断开），常闭触点（□ 吸合　□ 断开）。

- 混合型电器线圈通电时，常开触点（□ 吸合　□ 断开），常闭触点（□ 吸合　□ 断开）。

这节课你有什么收获？

你还有哪些疑问？

记录老师提到的重点、难点以及自己认为的重要知识。

课程名称	新能源汽车电控技术	小组名称	
学习任务	1.检修电子控制系统	学生姓名	
学习内容	1.3.2 交流变压电路	授课课时	4 课时

● **信息收集**

变压器的认知

1）在下列横线中填写变压器的主要功能。

1. _____ 2. _____

3. _____ 4. _____

5. _____ 6. _____

2）在下列属于变压器的符号的（   ）内打√。

（   ）   （   ）   （   ）

3）已知 U_1=220V、U_2=22V、n_1=10，求匝数 n_2 为多少？

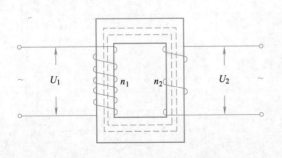

4）变压器是利用（　　）的原理来改变交流电压的装置。

_____

☐ 电磁感应

☐ 电流感应

☐ 电压感应

☐ 电阻感应

_____

5）汽车中哪些部件采用了变压器原理?

_____

☐ 加速踏板

☐ 汽油机点火装置

☐ 冷却液温度传感器

☐ 压缩机

_____

6）已知 U_1=220V、n_2=2、n_1=10，求 U_2 电压为多少?

_____

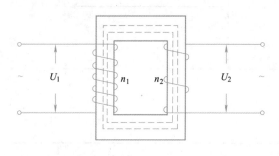

● 能力拓展

1. 交流降压电路的测量

 搭建

● 条件 / 要求
  变压器输入线圈匝数是输出线圈匝数的 2 倍

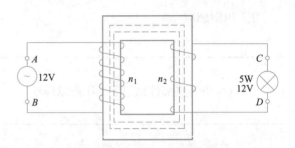

检测

输入电压测量	输出电压测量
● 测量电流 测量点 A : _____mA	● 测量电流 测量点 C : _____mA
● 测量电压 测量点 A-B : _____V	● 测量电压 测量点 C-D : _____V

$U_{(A-B)}$

0   ωt

$U_{(C-D)}$

0   ωt

结论

● 输入线圈匝数是输出线圈匝数的 2 倍时，输入与输出电压之比约等于（□ 1/2　□ 2　□ 1），功率之比约等于（□ 1/2　□ 2　□ 1），电流之比约等于（□ 1/2　□ 2　□ 1）。

● 变压器两侧的电压之比（□ 等于　□ 大于　□ 小于）线圈匝数之比。

2. 交流升压电路的测量

 搭建

● 条件／要求
变压器输出线圈匝数是输入线圈匝数
的 2 倍

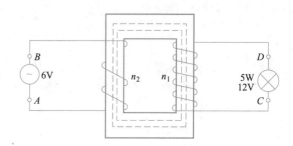

 检测

输入电压测量	输出电压测量
● 测量电流 测量点 B：_____mA	● 测量电流 测量点 D：_____mA
● 测量电压 测量点 A-B：_____V	● 测量电压 测量点 C-D：_____V

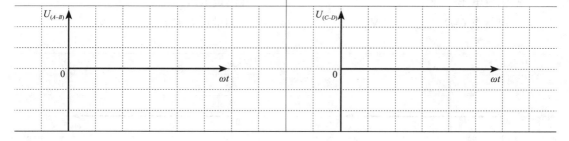

结论

● 输入线圈匝数是输出线圈匝数的 1/2 倍时，输入与输出电压之比约等于（□ 1/2　□ 2　□ 1），功率之比约等于（□ 1/2　□ 2　□ 1），电流之比约等于（□ 1/2　□ 2　□ 1）。

● 变压器两侧的电压之比（□ 等于　□ 大于　□ 小于）线圈匝数之比。

3. 交流变压电路的测量

搭建

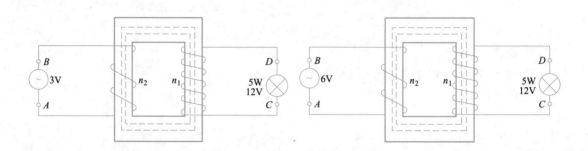

检测

● 观察现象	● 观察现象
灯泡 EL：□ 变亮　□ 变暗	灯泡 EL：□ 变亮　□ 变暗
● 测量电流	● 测量电流
测量点 D：_____A	测量点 D：_____A
● 测量电压	● 测量电压
测量点 C-D：_____V	测量点 C-D：_____V

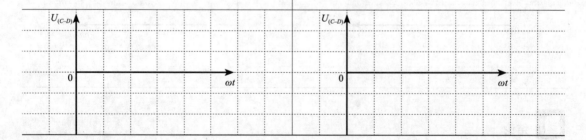

结论

● 一般情况下，变压器线圈匝比一定时，输入电压与输出电压（□ 是　□ 否）比例关系。

这节课你有什么收获?

你还有哪些疑问?

记录老师提到的重点、难点以及自己认为的重要知识。

课程名称	新能源汽车电控技术	小组名称	
学习任务	1. 检修电子控制系统	学生姓名	
学习内容	1.3.3 整流电路	授课课时	4 课时

1. 半波整流电路的测量

 搭建

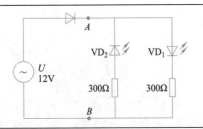 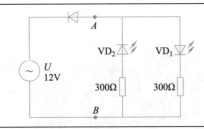

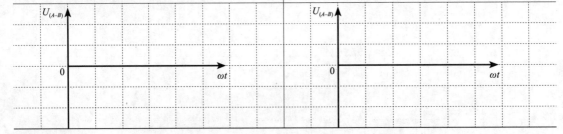 **检测**

- 观察现象

  发光二极管正向连接时

  □ VD_1 亮　□ VD_2 亮

- 测量数据

  A-B 两点电压：_____V

  A-B 两点频率：_____Hz

- 观察现象

  发光二极管反向连接时

  □ VD_1 亮　□ VD_2 亮

- 测量数据

  A-B 两点电压：_____V

  A-B 两点频率：_____Hz

结论

- 二极管正向连接时，输出为（□ 正半波　□ 负半波）。
- 二极管反向连接时，输出为（□ 正半波　□ 负半波）。

2. 桥式整流电路的测量（1）

 搭建

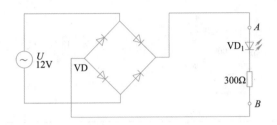

 检测

- 观察现象
  发光二极管 VD₁：
  □ 亮 □ 不亮
- 测量数据
  A-B 两点电压：_____ V

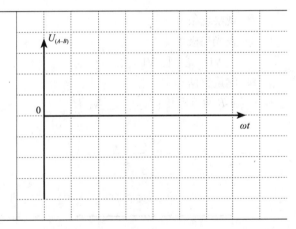

结论

- 整流电路利用了二极管的（□ 单向 □ 双向）导通性。
- 四个二极管桥式连接时，轮流导通截止，输出为（□ 半波 □ 全波）整流电路。
- 桥式整流后的电压大约为原输入电压的（□ 45% □ 90%）。

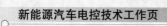
3. 桥式整流电路的测量（2）

 搭建

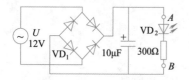　　　　　　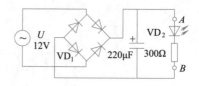

 检测

● 观察现象 　发光二极管 　□ VD$_1$ 亮　□ VD$_2$ 亮 ● 测量数据 　A-B 两点电压：_____V	● 观察现象 　发光二极管 　□ VD$_1$ 亮　□ VD$_2$ 亮 ● 测量数据 　A-B 两点电压：_____V

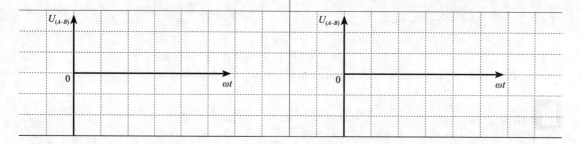

结论

● 电容滤波电路利用了电容的（□ 充放电　□ 限流）特性。

● 滤波后的波形变得更（□ 平滑　□ 不平）。

这节课你有什么收获？

你还有哪些疑问？

记录老师提到的重点、难点以及自己认为的重要知识。

课程名称	新能源汽车电控技术	小组名称	
学习任务	1. 检修电子控制系统	学生姓名	
学习内容	1.3.4 直流斩波电路	授课课时	4 课时

● **信息收集**

斩波电路的认知

1）在下面横线处分别写出 IGBT 的三个电极（集电极 C、栅极 G、发射极 E）。

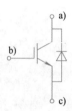

a）_____

b）_____

c）_____

2）选择正确的答案画"√"。

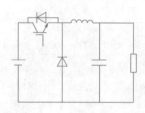

□ 斩波电路

□ 逆变电路

3）认识下列电路图，写出其工作过程，并补全横线上的内容。

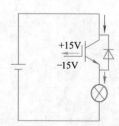

当 G 接正 15V 电压时，电路：
□ 导通　□ 截止
G 接负 15V 电压时，电路：
□ 导通　□ 截止

4）下列 IGBT 作为开关时具有的优点说法正确的是。

☐ 高输入阻抗

☐ 低导通压降

☐ 低输入阻抗

☐ 高导通压降

5）找出对下列名称解释正确的，用直线连接。

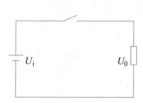

脉冲宽度调制（PWM）

开关管导通信号的宽度固定不变，而开关管调制信号的频率可调。

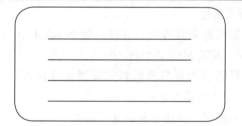

脉冲频率调制（PFM）

开关管导通信号的频率固定不变，而开关管调制信号的脉宽可调。

6）写出直流斩波电路的基本原理。

● **能力拓展**

1.IGBT 的测量

 搭建

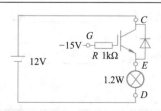

 检测

● 观察现象 灯泡 EL： □ 亮　□ 不亮 ● 测量电压 测量点 G- 地：____V 测量点 C-E：____V 测量点 E-D：____V	● 观察现象 灯泡 EL： □ 亮　□ 不亮 ● 测量电压 测量点 G- 地：____V 测量点 C-E：____V 测量点 E-D：____V

 结论

● IGBT 栅极接（□ 正电压　□ 负电压）时导通，接（□ 正电压　□ 负电压）时截止。
● 导通时 IGBT 的压降为____V。

2. 测量降压电路（1）

搭建

要求 / 条件：

1）信号源参数设定：方波、频率 10kHz、幅度 12V、偏置 6V、占空比 50%

2）设置信号源参数后将示波器正极接入电路 S 点，负极接入 B 点

3）顺次接入直流电源负极、正极

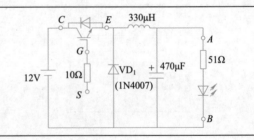

 检测

● 观察现象
　　灯泡 EL：　□ 亮　□ 不亮　□ 发暗
● 测量电流
　　测量点 A：_____mA
● 测量电压
　　测量点 A-B：_____V

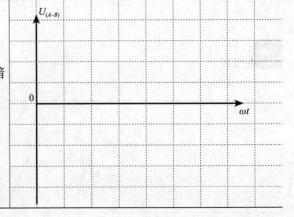

结论

● 直流降压电路是（□DC-AC　□DC-DC）转换电路。
● 直流降压电路的输出电压（□大于　□小于　□等于）输入电压。

3. 测量降压电路（2）

 搭建

要求 / 条件：

1）信号源参数设定：方波、频率 10kHz、幅度 12V、偏置 6V、占空比 10%

2）设置信号源参数后将示波器正极接入电路 S 点，负极接入 B 点

3）顺次接入直流电源负极、正极

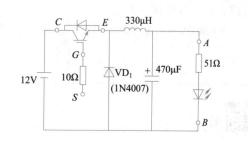

 检测

● 观察现象
和占空比为 50% 时比较，灯泡 EL：
□变亮　□变暗　□不变
● 测量电流
测量点 A：_____A
● 测量电压
测量点 A-B：_____V

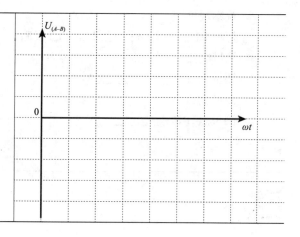

 结论

● 直流降压电路中，控制信号的占空比越大，输出电压（□越大　□越小　□基本不变）。

4. 测量升压电路（1）

 搭建

要求 / 条件：

1）信号源参数设定：方波、频率 10kHz、幅度 12V、偏置 6V、占空比 0%

2）设置信号源参数后将示波器正极接入电路 *S* 点，负极接入 *B* 点

3）顺次接入直流电源负极、正极

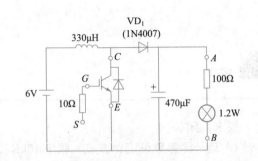

检测

● 观察现象

灯泡 EL：□亮　□不亮　□发暗

● 测量电流

测量点 *A*：＿＿＿＿＿A

● 测量电压

测量点 *A-B*：＿＿＿＿＿V

结论

● 直流升压电路是（□DC-AC　□DC-DC）转换电路。

5. 测量升压电路（2）

 搭建

要求 / 条件：

1）信号源参数设定：方波、频率 10kHz、幅度 12V、偏置 6V、占空比 70%

2）设置信号源参数后将示波器正极接入电路 S 点，负极接入 B 点

3）顺次接入直流电源负极、正极

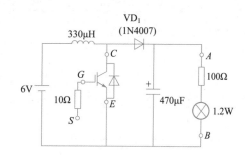

 检测

- 观察现象

  和占空比为 0 时比较，灯泡 EL：

  □ 变亮　□ 变暗　□ 不变

- 测量电流

  测量点 A：＿＿＿＿A

- 测量电压

  测量点 A-B：＿＿＿＿V

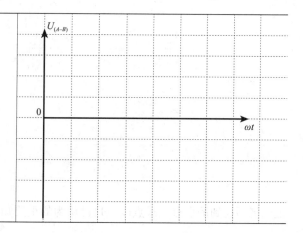

 结论

- 直流升压电路中，控制信号的占空比越大，输出电压（□ 越大　□ 越小　□ 基本不变）。

- 直流升压电路的输出电压（□ 大于　□ 小于　□ 等于）输入电压。

这节课你有什么收获?

你还有哪些疑问?

记录老师提到的重点、难点以及自己认为的重要知识。

课程名称	新能源汽车电控技术	小组名称	
学习任务	1.检修电子控制系统	学生姓名	
学习内容	1.3.5 逆变电路的测量	授课课时	4课时

● **信息收集**

逆变电路

1）下列关于逆变电路说法正确的是？

□ 逆变电路把直流电转变成交流电

□ 逆变电路把交流电转变成直流电

□ 一般情况下，驱动信号对频率有效

□ 一般情况下，驱动信号对占空比有效

2）选择正确的答案画"√"。

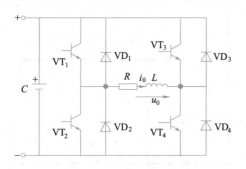

□ 全桥逆变电路

□ 半桥逆变电路

3）认识下列电路图，用彩笔绘制电流流向。

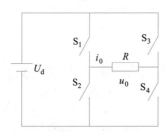

当开关 S_1、S_4 闭合，S_2、S_3 断开时，用红笔绘制负载电流流向。

当开关 S_1、S_4 断开，S_2、S_3 闭合时，用黑笔绘制负载电流流向。

● 能力拓展

1. 半桥逆变电路（1）

 搭建

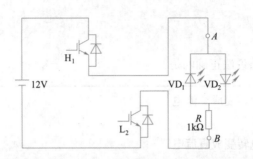

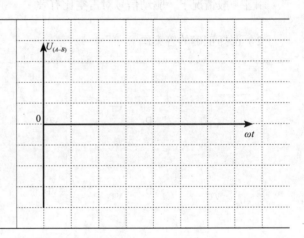 检测

● 观察现象
  □ VD$_1$ 点亮 / 闪烁
  □ VD$_2$ 点亮 / 闪烁
● 测量电压
  测量点 A-B : _____V

结论

● 当 H$_1$ 和 L$_2$ 同时触发时，A、B 两端输出电压为（□上正下负　□下正上负）。
● 电路中输出端为（□直流电　□交流电）。

2. 半桥逆变电路（2）

搭建

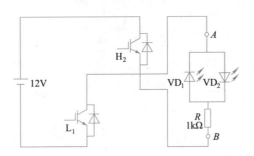

检测

● 观察现象
    □ VD_1 点亮／闪烁
    □ VD_2 点亮／闪烁
● 测量电压
    测量点 A-B：_____V

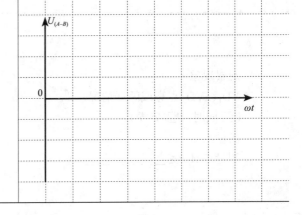

结论

● 当 H_2 和 L_1 同时触发时，A、B 两端输出电压为（□ 上正下负　□ 下正上负）。
● 电路中输出端为（□ 直流电　□ 交流电）。

搭建

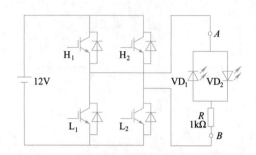

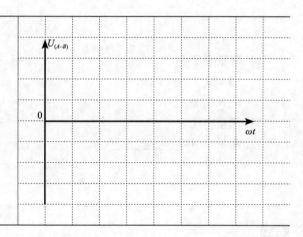 检测

- 观察现象

  VD_1、VD_2 点亮或闪烁情况

  （□ 同时　□ 交替）

- 测量电压

  测量点 $A\text{-}B$：_____V

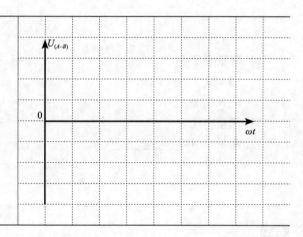

结论

- 当 VD_1、VD_2 交替闪烁时，说明两对桥臂（□ 同时　□ 交替）导通，输出交流电。

4. 全桥逆变电路（2）

 搭建

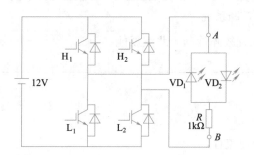

 检测

● 观察现象 频率调节旋钮逆时针转动时： 负载点亮：（□ 较快　□ 较慢） ● 测量电压 测量点 A-B：＿＿＿＿＿V	● 观察现象 频率调节旋钮顺时针转动时： 负载点亮：（□ 较快　□ 较慢） ● 测量电压 测量点 A-B：＿＿＿＿＿V

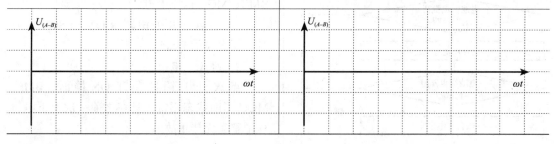

 结论

● IGBT 控制频率增大，输出交流电压的有效值（□ 增加　□ 减小　□ 不变）。

1.4 任务实施

课程名称	新能源汽车电控技术	小组名称	
学习任务	1. 检修电子控制系统	学生姓名	
学习内容	1.4.1 电控系统故障诊断（北汽新能源 EV160）	授课课时	4 课时

● 信息收集

1. 整车控制器上电流程

请补全北汽 EV160 上电流程。

北汽新能源 EV160 上电流程

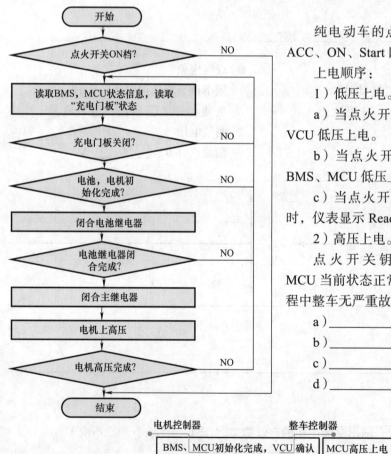

纯电动车的点火开关钥匙只采用 OFF、ACC、ON、Start 四个档位

上电顺序：

1）低压上电。

a）当点火开关钥匙由 OFF → ACC 时，VCU 低压上电。

b）当点火开关钥匙由 ACC → ON 时，BMS、MCU 低压上电。

c）当点火开关钥匙由 ON → Start 松开时，仪表显示 Ready 灯点亮。

2）高压上电。

点火开关钥匙位于 ON 档时，BMS、MCU 当前状态正常，且在之前一次上下电过程中整车无严重故障。

a）_____

b）_____

c）_____

d）_____

2. 整车控制器下电流程

请补全北汽 EV160 下电流程

北汽新能源 EV160 下电流程

纯电动车下电只需点火开关钥匙打到 OFF 档，即可实现高压、低压电的下电

下电顺序：

a ）_____

b ）_____

c ）_____

d ）_____

整车控制器在下电前会存储行车过程中发生的故障信息

辅助系统停止工作，包括 DC–DC、水泵、空调、暖风

BMS 断开电池继电器	整车控制器下电

点火钥匙到 OFF 档，主继电器断开，MCU 低压下电

这节课你有什么收获?

你还有哪些疑问?

记录老师提到的重点、难点以及自己认为的重要知识。

课程名称	新能源汽车电控技术	小组名称	
学习任务	1. 检修电子控制系统	学生姓名	
学习内容	1.4.2 电控系统故障诊断（BYD E6）	授课课时	4 课时

● **信息收集**

1. 接口定义（BYD）

端子号	插接件名称
1	

2. 数据测量

插接件名称	端子号	端子定义
VTOG 低压线束插接器	BG28(B)/2	
	BG28(B)/7	
	BG28(B)/1	
	BG28(B)/8	
	BG28(B)/9	
	BG28(B)/10	
	BG44/2	
	BG44/3	
	BG44/4	
	BG44/1	
	BG44/5	
	BG44/6	

3. 波形分析

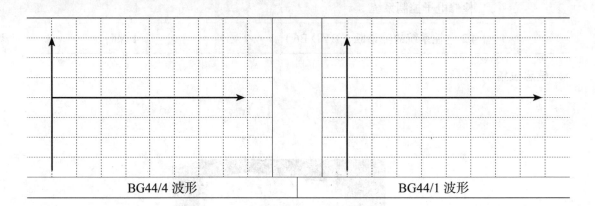

| BG44/4 波形 | BG44/1 波形 |

4. 电阻的测量

测量部位	端子号	端子定义	电阻值 /Ω
VTOG 低压线束插接器与加速踏板之间的线束	BG44/2		
	B28/25		
	BG44/3		
	B28/25		
	BG44/4		
	B28/28		
	BG44/1		
	B28/41		
	BG44/5		
	B28/13		
	BG44/6		
	B28/15		

5. 补全电路图

```
┌─────────────────────────────────────────────────────┐
│                        VTOG                          │
│  B28/15   B28/13   B28/41   B28/28   B28/27   B28/25  │
│    │        │        │        │        │        │    │
│    │        │        │        │        │        │    │
│    │        │        │        │        │        │    │
│  ┌─┴────────┴────────┴────────┴────────┴────────┴─┐  │
│  │                                                │  │
│  │                   加速踏板                      │  │
│  │                                                │  │
│  └────────────────────────────────────────────────┘  │
```

6. 数据测量（断路）

端子号	端子定义	正常值	测量点 1	测量点 2
BG44/2	加速踏板深度电源 1			
BG44/3	加速踏板深度电源 2			
BG44/4	加速踏板深度 1			
BG44/1	加速踏板深度 2			
BG44/5	加速踏板深度电源地 1			
BG44/6	加速踏板深度电源地 2			

7. 故障分析

端子号	故障现象	仪表显示	故障码
BG44/2			
BG44/3			
BG44/4			
BG44/1			
BG44/5			
BG44/6			

8. 补全电路图

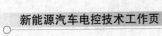

```
┌─────────────────────────────────────────────────────┐
│                       VTOG                           │
│  B28/12    B28/14    B28/57    B28/55    B28/24   B28/26 │
└─────────────────────────────────────────────────────┘
     │        │         │         │         │        │
     │        │         │         │         │        │
┌─────────────────────────────────────────────────────┐
│                     制动踏板                          │
└─────────────────────────────────────────────────────┘
```

9. 数据测量（断路）

端子号	端子定义	正常值	测量点 1	测量点 2
BG28(B)/2	制动踏板深度电源 1			
BG28(B)/7	制动踏板深度电源 2			
BG28(B)/1	制动踏板深度 1			
BG28(B)/8	制动踏板深度 2			
BG28(B)/9	制动踏板深度电源地 1			
BG28(B)/10	制动踏板深度电源地 2			

10. 故障分析

端子号	故障现象	仪表显示	故障码
BG28(B)/2			
BG28(B)/7			
BG28(B)/1			
BG28(B)/8			
BG28(B)/9			
BG28(B)/10			

● 能力拓展 (BYD E6)

1. 登记车辆信息

品牌 / 车型		工作电压	
车辆识别码		制造年月	

2. 安装车辆防护用品

序号	防护用品	安装情况		
1	安装翼子板布	□是	□否	□无此项
2	安装前格栅布	□是	□否	□无此项
3	安装座椅套	□是	□否	□无此项
4	安装脚垫	□是	□否	□无此项
5	安装转向盘套	□是	□否	□无此项
6	安装变速杆套	□是	□否	□无此项
7	安装车轮挡块	□是	□否	□无此项

3. 执行高压作业安全规定

序号	作业流程	执行情况		
1	将变速杆置于 P 位	□是	□否	□无此项
2	拉起 / 放下驻车制动手柄	□是	□否	□无此项
3	关闭点火开关	□是	□否	□无此项
4	将钥匙妥善保存	□是	□否	□无此项
5	断开辅助蓄电池负极	□是	□否	□无此项
6	检查安全防护装备	□是	□否	□无此项
7	断开维修开关	□是	□否	□无此项
8	放置高压作业维修标识	□是	□否	□无此项
9	使用放电仪放电	□是	□否	□无此项
10	使用万用表测量系统电压	实测电压 _____V		

4. 描述故障现象

基本检查：

故障现象：

5. 查询故障信息

故障码：

冻结数据：

6. 分析可能原因

电路图：

可能原因：

7. 实施诊断流程

测量对象				
测量条件				
实测值				
标准值				

波形测量（测量对象）：＿＿＿＿＿＿＿＿＿＿

实测波形　　　　　　　　　　　　　标准波形

8. 确诊故障原因

电路故障	故障电路区间：	□短路　　□断路　　□虚接
器件故障	故障器件名称：	□机械损坏　　□电气损坏
其他故障	故障说明：	

9. 分析故障机理

机理分析：

使用建议：

这节课你有什么收获？

你还有哪些疑问？

记录老师提到的重点、难点以及自己认为的重要知识。

课程名称	新能源汽车电控技术工作页	小组名称	
学习任务	1. 检修电子控制系统	学生姓名	
学习内容	1.4.3 电控系统故障诊断（吉利帝豪EV）	授课课时	4 课时

● **信息收集**

1. 接口定义（吉利）

端子号	插接件名称
1	
2	

2. 数据测量

插接件名称	端子号	端子定义
VCU 线束插接器 1	CA54/2	
	CA54/3	
	CA54/22	
VCU 线束插接器 2	CA55/67	
	CA55/68	
	CA55/75	
	CA55/76	
	CA55/21	
	CA55/52	

3. 波形分析

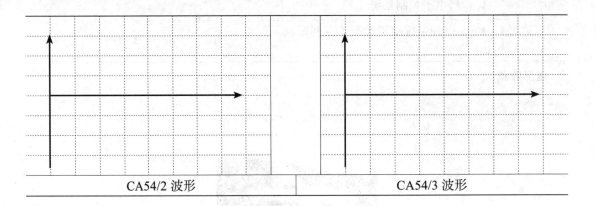

| CA54/2 波形 | CA54/3 波形 |

4. 电阻的测量

测量部位	端子号	端子定义	电阻值 /Ω
VCU 线束插接器 1 与加速踏板之间的线束	CA54/3		
	CA44/6		
	CA55/2		
	CA44/4		
VCU 线束插接器 2 与加速踏板之间的线束	CA44/5		
	CA55/67		
	CA44/1		
	CA55/68		
	CA44/3		
	CA55/75		
	CA44/2		
	CA55/76		

5. 补全电路图

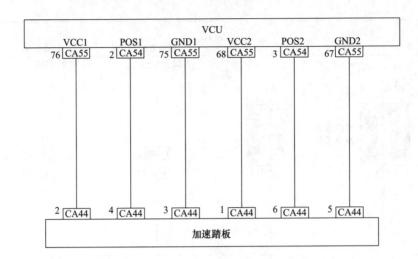

6. 数据测量（断路）

端子号	端子定义	正常值	测量点 1	测量点 2
CA54/2	信号线 1			
CA54/3	信号线 2			
CA55/67	电源 2（－）			
CA55/68	电源 2（＋）			
CA55/75	电源 1（－）			
CA55/76	电源 1（＋）			

7. 故障分析

端子号	故障现象	仪表显示	故障码
CA54/2			
CA54/3			
CA55/67			
CA55/68			
CA55/75			
CA55/76			

8.补全电路图

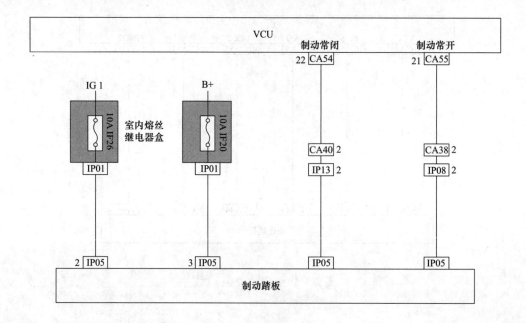

9.数据测量（断路）

端子号	端子定义	正常值	测量点1	测量点2
CA55/21				
CA54/22				
IP05/2				
IP05/3				

10.故障分析

端子号	故障现象	仪表显示	故障码
CA55/21			
CA54/22			
IP05/2			
IP05/3			

11. 补全电路图

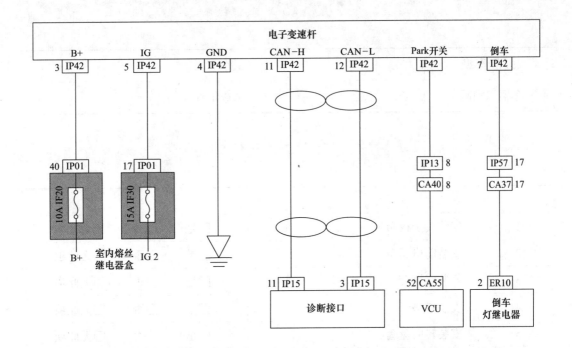

12. 数据测量（断路）

端子号	端子定义	正常值	测量点1	测量点2
CA55/52	电子变速器			

13. 故障分析

端子号	故障现象	仪表显示	故障码
CA55/52			

● 能力拓展

1. 登记车辆信息

品牌 / 车型		工作电压	
车辆识别码		制造年月	

2. 安装车辆防护用品

序号	防护用品	安装情况		
1	安装翼子板布	□是	□否	□无此项
2	安装前格栅布	□是	□否	□无此项
3	安装座椅套	□是	□否	□无此项
4	安装脚垫	□是	□否	□无此项
5	安装转向盘套	□是	□否	□无此项
6	安装变速杆套	□是	□否	□无此项
7	安装车轮挡块	□是	□否	□无此项

3. 执行高压作业安全规定

序号	作业流程	执行情况		
1	将变速杆置于 P 位	□是	□否	□无此项
2	拉起 / 放下驻车制动器	□是	□否	□无此项
3	关闭点火开关	□是	□否	□无此项
4	将钥匙妥善保存	□是	□否	□无此项
5	断开辅助蓄电池负极	□是	□否	□无此项
6	检查安全防护装备	□是	□否	□无此项
7	断开维修开关	□是	□否	□无此项
8	放置高压作业维修标识	□是	□否	□无此项
9	使用放电仪放电	□是	□否	□无此项
10	使用万用表测量系统电压	实测电压 _____V		

4. 描述故障现象

基本检查：

故障现象：

5. 查询故障信息

故障码：

冻结数据：

6. 分析可能原因

电路图：

可能原因：

7. 实施诊断流程

测量对象				
测量条件				
实测值				
标准值				

波形测量（测量对象）：_____

实测波形		标准波形

8. 确诊故障原因

电路故障	故障电路区间：	□短路　　□断路　　□虚接
器件故障	故障器件名称：	□机械损坏　　□电气损坏
其他故障	故障说明：	

9. 分析故障机理

机理分析：

使用建议：

1.5　任务评价

1. 理想变压器原、副线圈匝数比为 10∶1，以下说法中正确的是 (　　)。

A. 穿过原、副线圈每一匝磁通量之比是 10∶1
B. 穿过原、副线圈每一匝磁通量的变化率相等
C. 原、副线圈每一匝产生的电动势瞬时值之比为 10∶1
D. 正常工作时原、副线圈的输入、输出功率之比为 1∶1

2. 理想变压器正常工作时，若增加接在副线圈两端的负载，则 (　　)。

A. 副线圈中电流增大
B. 副线圈输出的电功率减小
C. 原线圈中电流不变
D. 原线圈输入的电功率增大

3. 对理想变压器可做出的判断是 (　　)。

A. 高压线圈匝数多、电流大、导线粗
B. 低压线圈匝数少、电流小、导线细
C. 高压线圈匝数多、电流大、导线细
D. 低压线圈匝数少、电流大、导线粗

4. 理想变压器原副线圈匝数比为 4:1，原线圈电流为 12mA，则副线圈电流为 (　　)。

A. 3mA   B. 0mA
C. 48mA   D. 50mA

5. N 型半导体 (　　)。

A. 带正电   B. 带负电
C. 呈电中性   D. 不确定

6. 当 PN 结外加正向电压时，扩散电流 (　　) 漂移电流。

A. 大于   B. 小于
C. 等于   D. 不确定

7. 整流二极管的正向电阻越 (　　)，表明二极管的单向导电性能越好。

A. 大　　　　　　　　　　　　B. 小
C. 不变　　　　　　　　　　　　D. 变化

8. 稳压管的稳压区是其工作在 (　　) 状态。

A. 正向导通　　　　　　　　　　B. 反向截止
C. 反向击穿　　　　　　　　　　D. 不确定

9. 关于整流电路，以下说法不正确的是 (　　)。

A. 单相半波整流电路只需要一个整流二极管
B. 单相桥式整流电路是由四个二极管接成电桥的形式构成的
C. 二极管反向漏电流越小，表明二极管单向导电性越好
D. 二极管反向漏电流越小，表明二极管单向导电性越差

10. 单相半波整流电路中，如果负载的有效电压值为 U_1，则二极管所能承受的最高电压为 (　　)。

A. $2\sqrt{2}\ U_1$　　　　　　　　　B. U_1
C. $\sqrt{2}\ U_1$　　　　　　　　　　D. $2U_1$

11. 什么是直流斩波电路？(　　)。

A. 以开关管按一定控制规律调制且无变压器隔离的 DC-DC 变换器
B. 以开关管按一定控制规律调制且无变压器隔离的 AC-DC 变换器
C. 以开关管按一定控制规律调制且无变压器隔离的 DC-AC 变换器
D. 以开关管按一定控制规律调制且无变压器隔离的 AC-AC 变换器

12. 直流斩波电路主要工作方式是 (　　) 工作方式。

A. 车载充电机　　　　　　　　　　B. 脉冲频率调制（PFM）
C. 脉宽调制 (PWM)　　　　　　　　D. 电流

13. 纯电动汽车中 (　　) 为动力电池进行充电，为其补充电能。

A. 电压　　　　　　　　　　　　　B. 镍氢电池
C. 铅酸电池　　　　　　　　　　　D. 镍镉电池

14. 关于脉冲宽度调制（PWM）解释正确的是（　　）。

A. 开关管导通信号的宽度固定不变，而开关管调制信号的频率可调
B. 开关管导通信号的宽度固定不变，而开关管调制信号的频率不可调
C. 开关管调制信号的频率固定不变，而开关管导通信号的宽度可调
D. 开关管调制信号的频率固定不变，而开关管导通信号的宽度不可调

15. 下列对于直流斩波电路降压说法正确的是（　　）。

A. 当二极管 VD 导通时，电感 L 蓄能，向负载 R 输电
B. 当二极管 VD 导通时，电感 L 与电容 C 蓄能，向负载 R 输电
C. 当二极管 VD 导通时，电容 C 蓄能，向负载 R 输电
D. 当二极管 VD 关断时，电容 C 与蓄能，向负载 R 输电

16. Boost 型升压变换器称为并联开关变换器，由（　　）组成。

A. 功率开关　　　　　　　　　　B. 二极管
C. 储能电感　　　　　　　　　　D. 输出滤波电容

17. 下列哪些属于 IGBT 的优点？（　　）。

A. 高输入阻抗　　　　　　　　　B. 低输入压降
C. 高导通阻抗　　　　　　　　　D. 低导通压降

18. 逆变电路是（　　）。

A. 把直流电变成交流电　　　　　B. 把直流电变成直流电
C. 把交流电变成直流电　　　　　D. 把交流电变成交流电

19. 在半桥逆变电路中，VD_1 或 VD_2 通时，i_0 和 u_0（　　）向负载提供能量。

A. 反方向直流侧　　　　　　　　B. 同方向直流侧
C. 同方向交流侧　　　　　　　　D. 反方向交流侧

20. 下列关于逆变电路的说法正确的是（　　）。

A. 频率可调　　　　　　　　　　B. 电压可调
C. 直流转交流　　　　　　　　　D. 频率电压均不可调

21. 下列关于全桥逆变电路说法正确的是 (　　)。

A. 共四个桥臂，可看成两个半桥电路组合而成
B. 两对桥臂交替导通 180°
C. 输出电压和电流波形与半桥电路形状相同，幅值高出一倍
D. 改变输出交流电压的有效值只能通过改变直流电压 U_d 来实现

22. 下列属于输入给整车控制器信号传感器的是 (　　)。

A. 电流传感器　　　　　　　　　B. 旋变传感器
C. 加速踏板传感器　　　　　　　D. 电池温度传感器

23. 下列不属于第二代整车控制器功能的是 (　　)。

A. 整车能量优化管理
B. 电动化辅助系统管理
C. 整车 CAN 总线网关及网络化管理
D. 电动机转速和转矩控制

24. 动力电池的故障等级有 (　　)。

A. 一级故障　　　　　　　　　　B. 二级故障
C. 三级故障　　　　　　　　　　D. 以上故障等级全部正确

25. 制动能量回馈的原则有 (　　)。

A. 能量回收制动不应该干预 ABS 的工作
B. 当 ABS 报警时，制动能量回收不应该工作
C. 当 ABS 进行制动力调节时，制动能量回收不应该工作
D. 当电驱动系统具有故障时，制动能量回收不应该工作

这节课你有什么收获？

你还有哪些疑问？

记录老师提到的重点、难点以及自己认为的重要知识。

2.1 任务描述

我是一名出租车驾驶员，最近发现所驾驶的电动汽车的车窗玻璃升降功能不是太灵敏，中控锁有时候也失效，刚好碰见突如其来的大雨，让乘客很不满意，只好将车开到了车辆维修中心。

学员或具有电气维修资质的人员接受车间主管派发的任务委托书，在规定时间内以小组作业的形式，按照维修手册技术规范或相关标准诊断并排除故障，恢复车辆性能，完成作业项目自检合格后交付检验并移交服务顾问。工作过程严格遵守高压作业安全规定和 6S（Seiri, Seiton, Seiketsu, Standard, Shitsuke, Safety;即整理，整顿，清洁，规范，素养，安全）规范，并能提出车辆使用中的安全措施和合理化建议。

2.2 任务目标

通过本次任务，学生能自主学习并运用专业知识与技能，有目的地按照维修手册技术要求，严格遵守高压作业安全规定，合理使用工具、仪器完成整车控制系统的维护、部件更换、故障诊断等工作内容，并对工作结果进行有效评估，培养学生的综合职业能力。

- 能独立解释门电路原理及 CAN 总线网络结构并进行信号分析。
- 能严格按照维修手册制订工作计划，诊断和排除总线系统故障。
- 能自主学习并将获得的新知识新技能运用于新的实践。
- 能严格遵守电动汽车高压作业安全规定并具备能源和环境意识。

2.3　任务准备

课程名称	新能源汽车电控技术	小组名称	
学习任务	2. 检修车载网络系统	学生姓名	
学习内容	2.3.1 门电路的测量	授课课时	4 课时

1. 逻辑与电路的测量

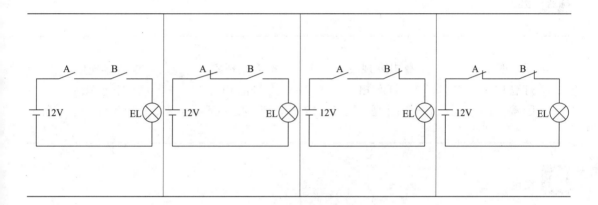

🔲 **检测**

● 观察现象 灯泡 EL： □ 亮　□ 不亮	● 观察现象 灯泡 EL： □ 亮　□ 不亮	● 观察现象 灯泡 EL： □ 亮　□ 不亮	● 观察现象 灯泡 EL： □ 亮　□ 不亮

📋 **结论**

● 逻辑与电路（□ 所有条件同时满足　□ 只要有一个条件满足），结果才会发生（灯亮）。

2. 逻辑或电路的测量

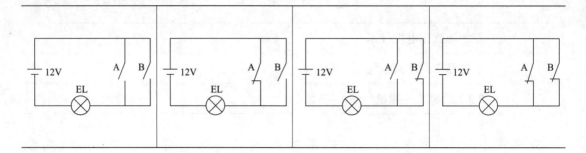

 检测

● 观察现象	● 观察现象	● 观察现象	● 观察现象
灯泡 EL：	灯泡 EL：	灯泡 EL：	灯泡 EL：
□ 亮　□ 不亮	□ 亮　□ 不亮	□ 亮　□ 不亮	□ 亮　□ 不亮

结论

● 逻辑或电路（□ 所有条件同时满足　□ 只要有一个条件满足），结果就会发生（灯亮）。

3. 逻辑非电路的测量

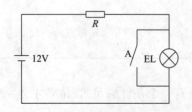
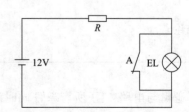

检测

● 观察现象（开关 A 打开） 　灯泡 EL：□ 亮　□ 不亮	● 观察现象（开关 A 闭合） 　灯泡 EL：□ 亮　□ 不亮

✔ 结论

● 逻辑非电路，条件满足时，结果（□ 发生　□ 不发生）。

4. 逻辑或非电路的测量

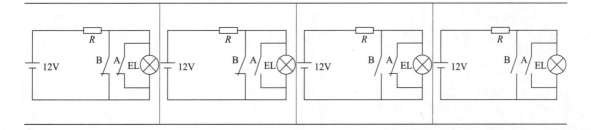

✔ 检测

● 观察现象 灯泡 EL： □ 亮　□ 不亮	● 观察现象 灯泡 EL： □ 亮　□ 不亮	● 观察现象 灯泡 EL： □ 亮　□ 不亮	● 观察现象 灯泡 EL： □ 亮　□ 不亮

✔ 结论

● 逻辑或非电路（□ 只要有一个条件满足　□ 所有条件都不满足），结果就会发生（灯亮）。

这节课你有什么收获?

你还有哪些疑问?

记录老师提到的重点、难点以及自己认为的重要知识。

课程名称	新能源汽车电控技术	小组名称	
学习任务	2. 检修车载网络系统	学生姓名	
学习内容	2.3.2 基本电路的测量	授课课时	4 课时

● **信息收集（单级放大电路）**

单级放大电路各部件作用

双电源组成的共发射极基本放大电路

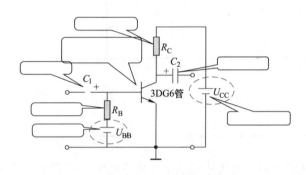

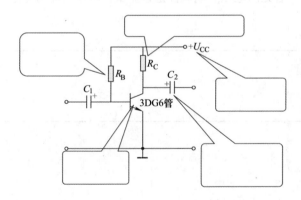

● **能力拓展（单级放大电路）**

1. 单级放大电路测量（1）

要求 / 条件： 首先接入直流电源负极 12V–、正极 12V+。	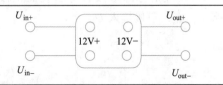

检测

电压测量（输入端） U_{in+}：_____ V	电压测量（输出端） U_{out+}：_____ V
输入端波形	输出端波形

结论

● 在没有加输入信号时，放大电路的工作状态称为（□ 静态　□ 动态）。由于（□ 静态　□ 动态）时电路中各处的电压、电流都是直流量，所以又称为（□ 直流　□ 交流）工作状态。

2. 单级放大电路测量（2）

要求/条件：

1）首先接入直流电源负极 12V-、正极 12V+。

2）信号源参数设定：方波、频率 10kHz、幅度 0.5V、偏置 0V、占空比 50%。

3）设置信号源参数后将示波器正极接入电路 U_{in+} 点，负极接入 U_{in-} 点。

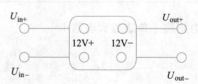

检测

● 电压测量（输入端） U_{in+} : _____ V	● 电压测量（输出端） U_{out+} : _____ V
输入端波形	输出端波形

![输入端波形坐标图 U-t]

![输出端波形坐标图 U-t]

结论

● 在电路的输入端加上输入信号后，电子电路的工作状态称为（□ 静态　□ 动态）。此时 BJT 各电极的电流和各级间的电压都在静态值的基础上叠加了随输入信号变化的交流量。

● **信息收集（运算放大电路）**

1）集成运算放大器级间耦合方式是：

□ 变压器耦合
□ 直接耦合
□ 阻容耦合

2）理想运算放大器的两个输入端的输入电流等于零，其原因是：

□ 同相端和反相端的输入电流相等而相位相反
□ 运算放大器的差模输入电阻接近无穷大
□ 运算放大器的开环电压放大倍数接近无穷大

3）集成运算放大器的组成。

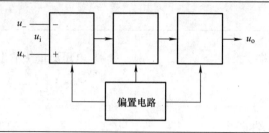

4）集成运算放大器的组成

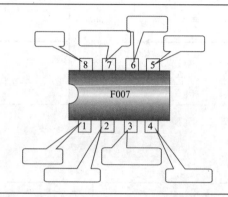

5）集成运算放大器符号及输入输出方式

三种输入方式：同相输入、反相输入和差分输入。

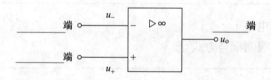

● 能力拓展（运算放大电路）

1. 同相比例运算放大电路

要求 / 条件：

1）首先接入直流电源负极 12V–、正极 12V+。

2）信号源参数设定：正弦波、频率 100Hz、幅度 5V、偏置 0V。

3）设置信号源参数后将示波器正极接入电路 U_i 点，负极接地。

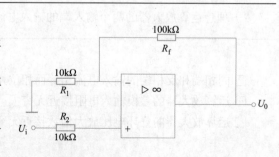

检测

直流输入电压 U_i/mV		30	100	300	1000	3000
输出电压 U_0/mV	理论估算					
	实测值					

输入端波形	输出端波形

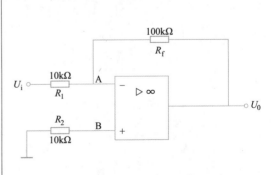

结论

● 电路中运算放大器的同相输入端接信号 U_i，反向输入端通过电阻 R_1 接地，U_0 与 U_i 同相，故称这种电路为（□ 同相　□ 反相）比例放大电路。

2. 反相比例运算放大电路

要求 / 条件：

1）首先接入直流电源负极 12V-、正极 12V+。

2）信号源参数设定：正弦波、频率 100Hz、幅度 5V、偏置 0V。

3）设置信号源参数后将示波器线正极接入电路 U_i 点，负极接入地。

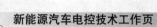
 检测

直流输入电压 U_i/mV		30	100	300	1000	3000
输出电压 U_0/mV	理论估算					
	实测值					

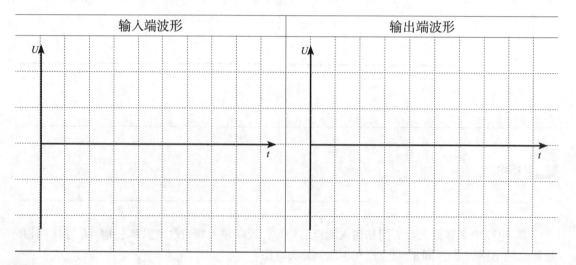

输入端波形	输出端波形

结论

● 反相比例运算放大器所测数据与理论估算的误差较小，但当电压加到3V时，理论值与实际值（□ 相同 □ 不同）。

这节课你有什么收获？

你还有哪些疑问？

记录老师提到的重点、难点以及自己认为的重要知识。

课程名称	新能源汽车电控技术	小组名称	
学习任务	2.检修车载网络系统	学生姓名	
学习内容	2.3.3 CAN 总线网络结构	授课课时	4 课时

● **信息收集**

1.CAN 总线的网络结构

1）下列对 CAN 总线在汽车上应用的原因描述不正确的是。

☐ 用户对车辆更高的安全性和舒适性的要求，以及排放法规及环保的要求
☐ 现代汽车上安装了越来越多的电器部件（控制单元/传感器/执行元件）
☐ 电器/电子部件间需要适时进行高速大量的信息交换
☐ 石油价格的上涨

2）下列哪个不是 CAN 总线的优点。

☐ CAN 总线可以很方便地实现用控制单元来对系统进行控制
☐ 可方便地加装选装装置，为技术进步创造了条件
☐ CAN 总线是一个闭环系统，可以与各种传输介质进行适配
☐ 对控制单元的诊断可通过 K 线来进行

3）参照左图填写右图数据总线硬件名称。

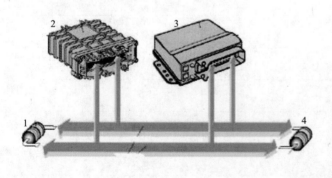

数据总线硬件名

1 _____

2 _____

3 _____

4 _____

4）连线。

舒适 CAN

驱动 CAN

信息娱乐 CAN

5）数据总线的优点有哪些（多选）？

□ 数据传输时的高安全性及可靠性
□ 有利于降低成本
□ 数据传输速度较快，而且信息交换实时进行
□ 对控制单元的诊断可通过 K 线来进行
□ 能以单线模式工作（出于安全因素，正常情况下双线同时工作）
□ 国际标准化的数据传输协议利于实现在各车型上的统一
□ 双向数据线，由高低双绞线组成
□ 数据传输终端是一个电容

6）CAN 总线系统的分类。

总线类型	速度	应用场合
驱动 CAN 总线		
舒适 CAN 总线		
信息 CAN 总线		

7）CAN 总线的特点。

特点

2.LIN 总线的网络结构

1）下列对 LIN 总线描述不正确的是哪些？

□ LIN 总线是 Local Interconnect Network 的缩写，意为局域互联网
□ LIN 也被称为"局域子系统"
□ LIN 总线为现有的汽车网络提供辅助功能
□ LIN 总线的传输速度为 30kbit/s

2）下列部件中哪些是由 LIN 总线的系统构成？

□ LIN 主控制单元
□ LIN 从控制单元
□ 单根数据导线
□ 以上都是

3）参照左图填写右图 LIN 总线的信息结构名称。

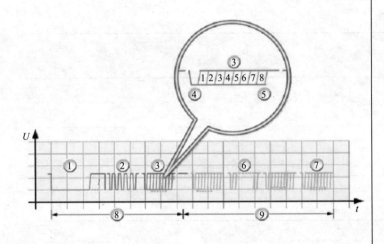

LIN 总线信息结构名称
1. _____
2. _____
3. _____
4. _____
5. _____
6. _____
7. _____
8. _____
9. _____

4）MOST 总线引入的原因。

☐ 在高数据传送率的各种总线系统中价格"相对"低廉

☐ 可实现高数据传送率

☐ 信号发送干扰通过光纤代替导线（天线）降到最小

☐ 传输的信号对于电磁的辐射不敏感

☐ 较好的传输质量和噪声处理数字化

☐ 对控制单元的诊断可通过 K 线来进行

5）填写 MOST 总线信息量的内容。

MOST总线信息的信息量

6）LIN 总线从控制单元的特点如下：

☐ 接收、传递或忽略从主系统接收到的信息标题相关的数据

☐ 可以通过一个"叫醒"信号叫醒主系统

☐ 检查对所接收数据的检查总量

☐ 对所发送数据的检查总量进行计算

☐ 同主系统的同步字节保持一致

☐ 只能按照主系统的要求同其他子系统进行数据交换

7）奥迪车系的 LIN 总线系统的最大传输速率为：

☐ 500kbit/s。

☐ 100kbit/s。

☐ 19.2kbit/s。

☐ 10kbit/s。

8）LIN 的主要技术特点为：

☐ 同步简单。

☐ 采用主从总线访问机制，通信是确定的。

☐ 数据长度可变。

☐ 两种错误检验，奇偶校验、校验和，保证通信的可靠性。

☐ 低速、低成本。

这节课你有什么收获?

你还有哪些疑问?

记录老师提到的重点、难点以及自己认为的重要知识。

课程名称	新能源汽车电控技术	小组名称	
学习任务	2. 检修车载网络系统	学生姓名	
学习内容	2.3.4 CAN 总线信号分析	授课课时	4 课时

● **信息收集**

1.CAN 总线的正确波形

 信息

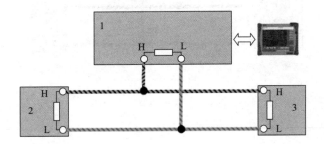

 检测

V/Div

ms

结论

● CAN-H 波形与 CAN-L 波形的关系是（□ 镜像　□ 水平 ）。

2.CAN-High 断路

 信息

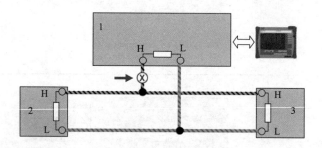

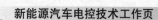 **检测**

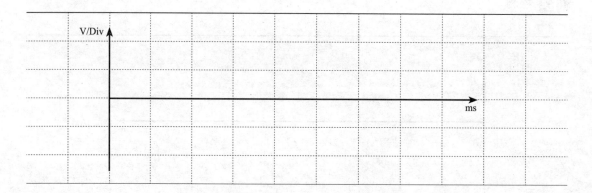

结论

● 当 CAN-High 断路后，CAN 系统（□ 能　□ 不能）正常工作。

3.CAN-Low 断路

 信息

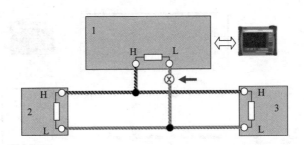

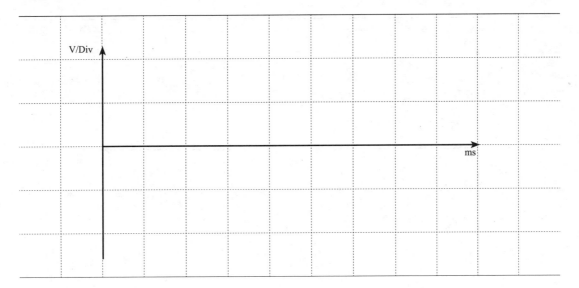

检测

结论

● 当 CAN-Low 断路后，CAN 系统（□ 能　□ 不能）正常工作。

4.CAN-High 的高电阻

信息

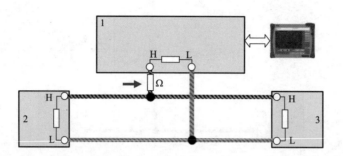

检测

结论

● 当 CAN-High 虚接后，CAN 系统（□ 能　□ 不能）正常工作。

5.CAN-Low 的高电阻

信息

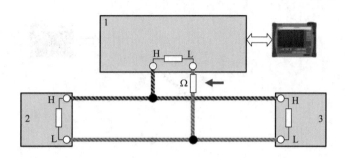

检测

结论

● 当 CAN-Low 虚接后，CAN 系统（□ 能　□ 不能）正常工作。

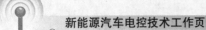
 信息

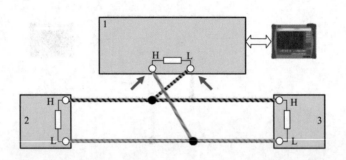

检测

结论

● 当 CAN-High 和 CAN-Low 错误连接后，二者位置变化是（□ 平移　□ 颠倒 ）。

7.CAN-High 和 CAN-Low 之间短路

 信息

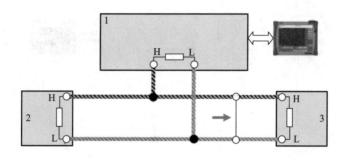

 检测

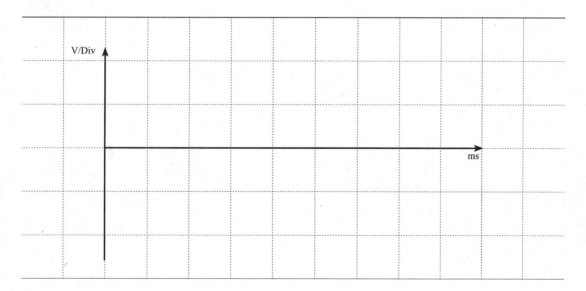

结论

● 当 CAN-High 和 CAN-Low 之间短路后，CAN 系统（□ 能　□ 不能）正常工作。

8.CAN-High 通过电阻对正极短路

 信息

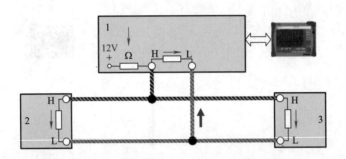

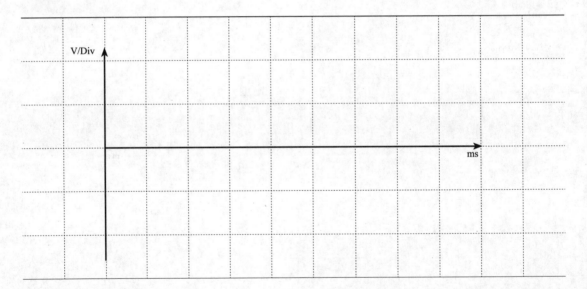

检测

结论

● 当 CAN-High 通过电阻对正极短路，CAN 系统（□ 能　□ 不能）正常工作。

9.CAN-High 通过电阻对地短路

信息

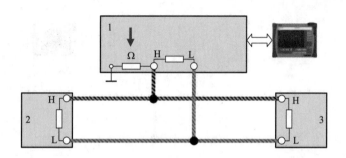

检测

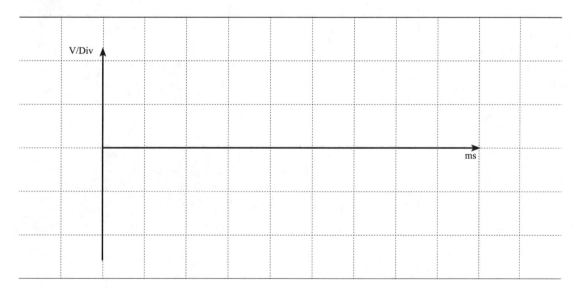

结论

● 当 CAN-High 通过电阻对地短路，CAN 系统（□ 能　□ 不能）正常工作。

10.CAN-Low 通过电阻对地短路

 信息

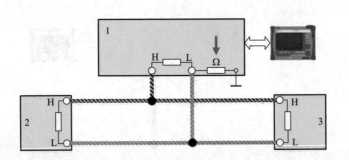

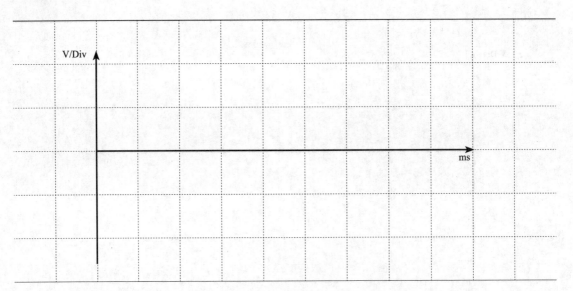

检测

结论

● 当 CAN-Low 通过电阻对地短路，CAN 系统（□ 能　□ 不能）正常工作。

11.CAN-High 对正极短路

信息

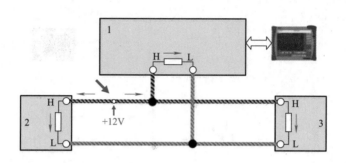

检测

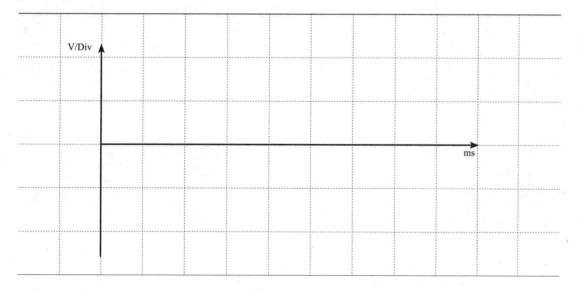

结论

● 当 CAN-High 对正极短路，CAN 系统（□ 能　□ 不能）正常工作。

12.CAN-Low 对正极短路

 信息

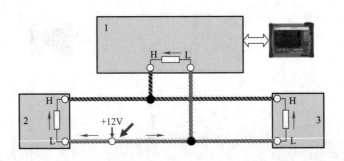

 检测

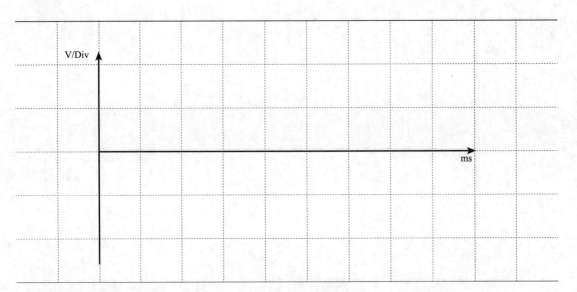

结论

● 当 CAN-Low 对正极短路后，CAN 系统（□ 能　□ 不能）正常工作。

13.CAN-High 搭铁短路

 信息

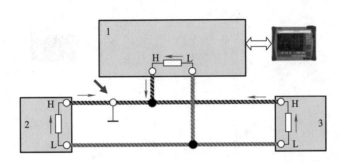

 检测

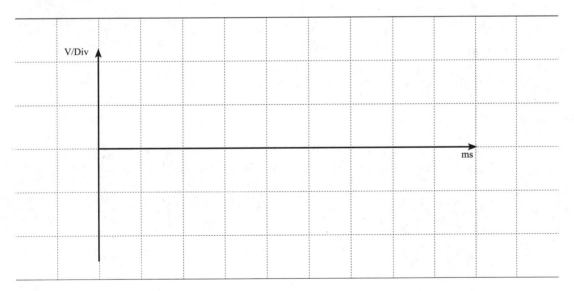

结论

● 当 CAN-High 搭铁短路后，CAN 系统（□ 能　□ 不能）正常工作。

14.CAN-Low 搭铁短路

 信息

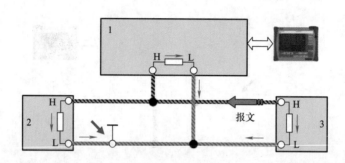

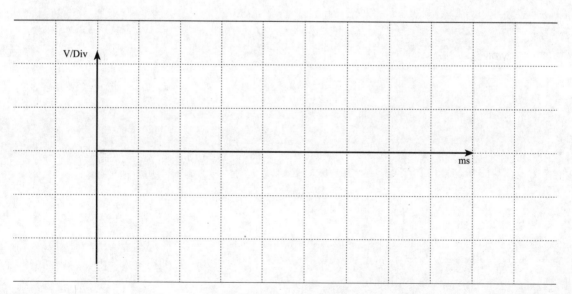

检测

结论

● 当 CAN-Low 搭铁短路后，CAN 系统（□ 能　□ 不能）正常工作。

这节课你有什么收获?

你还有哪些疑问?

记录老师提到的重点、难点以及自己认为的重要知识。

2.4 任务实施

课程名称	新能源汽车电控技术	小组名称	
学习任务	2. 检修车载网络系统	学生姓名	
学习内容	总线系统故障诊断	授课课时	4课时

1. 填写下列空白处

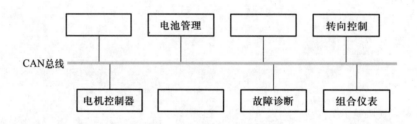

2. 将下列控制过程补充完整

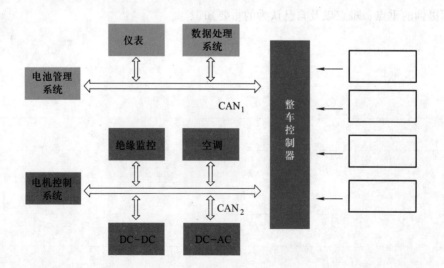

这节课你有什么收获?

你还有哪些疑问?

记录老师提到的重点、难点以及自己认为的重要知识。

2.5 任务评价

1. 相同为"0"不同为"1"，它的逻辑关系是（　　　）。

A. 或逻辑　　　　　　　　　　　　B. 与逻辑
C. 异或逻辑　　　　　　　　　　　D. 非逻辑

2. 将代码（10000011）8421BCD 转换为二进制数为（　　　）。

A.（1000011）2　　　　　　　　　B.（10000011）2
C.（1010011）2　　　　　　　　　D.（100110001）2

3. 实现或逻辑的电路称为（　　　）。

A. 非门　　　　　　　　　　　　　B. 与门
C. 或门　　　　　　　　　　　　　D. 异或门

4. 当决定事件（Y）发生的条件（A）满足时，事件不发生；条件不满足，事件反而发生。表达式为（　　　）。

A. $Y=\overline{A}$　　　　　　　　　　　B. $A+B=Y$
C. $A \cdot B=Y$　　　　　　　　　　　D. $Y=AB+C$

5. 二进制有 0 和 1 两个数码，基数是 2，遵循（　　　）的低位向高位的进位规则，即 1+1=10 。

A. 逢五进一　　　　　　　　　　　B. 逢十进一
C. 逢二进一　　　　　　　　　　　D. 逢八进一

6. 基本的逻辑门电路有（　　　）。

A. 非门　　　　　　　　　　　　　B. 与门
C. 或门　　　　　　　　　　　　　D. 异或

7. 脉冲是一种跃变信号，并且持续时间短暂，可短至几个微秒甚至几个纳秒，最常见的有矩形波和（　　　）。

A. 阶梯波　　　　　　　　　　　　B. 尖顶波
C. 锯齿波　　　　　　　　　　　　D. 三角波

8. CAN 总线属于（　　　）传输模式。

A. 单线　　　　　　　　　　　　　　B. 双线

C. 三线　　　　　　　　　　　　　　D. 都不正确

9. LIN 总线属于（　　　）传输模式。

A. 单线　　　　　　　　　　　　　　B. 双线

C. 三线　　　　　　　　　　　　　　D. 都不正确

10. CAN 总线系统和 LIN 总线系统的传输介质分别是（　　　）。

A. 双绞线　光纤　　　　　　　　　　B. 光纤　一根铜线

C. 双绞线　一根铜线　　　　　　　　D. 光纤　同轴电缆

11. MOST 网络系统是一种采用（　　　）拓扑结构的多媒体定向传输系统。

A. 树形　　　　　　　　　　　　　　B. 星形

C. 总线型　　　　　　　　　　　　　D. 环形

12. 下列哪项不属于局域网技术的典型特征？（　　　）。

A. 高数据传输率　　　　　　　　　　B. 极低的建立成本

C. 低传输误码率　　　　　　　　　　D. 短距离传输

13. MOST 总线的传输速度可达到（　　　）。

A.500kbit/s　　　　　　　　　　　　B.100kbit/s

C.20kbit/s　　　　　　　　　　　　D.1Mbit/s

14. LIN 总线系统的构成有（　　　）。

A.LIN 主控制单元　　　　　　　　　B.LIN 从控制单元

C. 双绞导线　　　　　　　　　　　　D. 单根数据导线

15. LIN 总线信息标题分为（　　　）。

A. 同步暂停区　　　　　　　　　　　B. 同步区

C. 同步分界区　　　　　　　　　　　D. 识别区

16. 测量 CAN 总线波形的工具是（　　　）。

A. 电压表　　　　　　　　　　　　　B. 电流表

C. 示波器　　　　　　　　　　　　　D. 解码器

17. 下列属于 EV160CAN 总线系统的是（　　　）。

A. 发动机 ECU　　　　　　　　B. 电池
C. 整车控制器　　　　　　　　D. 电动机

18. 电动车辆以（　　　）为主节点、基于高速 CAN 总线的分布式动力系统控制网络，通过该网络，整车控制器可以对纯电动车辆动力链的各个环节进行管理、协调和监控，提高整车能量利用效率，确保车辆安全性和可靠性。

A. 整车控制器　　　　　　　　B. 电池管理系统
C. 电机控制器　　　　　　　　D. 转向控制器

19. 电池管理系统通过 CAN 总线给仪表提供下列哪个信息？（　　　）

A. 冷却液温度信息　　　　　　B. 动力电池总电压
C. 时速信息　　　　　　　　　D. 灯光信息